...S RELATIVES

AU

MEMPHIS EL PASO

AND

PACIFIC R. R.

TEXAS

PREMIÈRE PARTIE

PARIS

IMPRIMERIE BALITOUT, QUESTROY ET Cⁱᵉ

7, RUE BAILLIF ET RUE DE VALOIS, 18

1860

LOIS RELATIVES

AU

MEMPHIS EL PASO

AND PACIFIC R. R.

—

TEXAS

LOIS RELATIVES

AU

MEMPHIS EL PASO

AND

 PACIFIC R. R.

TEXAS

PREMIÈRE PARTIE

PARIS

IMPRIMERIE BALITOUT, QUESTROY ET Cᵉ

7, RUE BAILLIF, ET RUE DE VALOIS, 18

1869

C.

CHARTE

DU

MEMPHIS EL PASO AND PACIFIC R. R. C°

(Loi du 4 février 1856)

TEXAS

Pièce N° 1

CHAPITRE LXXI

Loi pour constituer la **Compagnie du Chemin de fer de Memphis à El Paso et au Pacifique,** *rendue le quatre février mil huit cent cinquante-six.*

Section 1re

Il est décrété par la législature de l'Etat du Texas que Travis G. Dright président, ainsi que le conseil des directeurs du chemin de fer de Memphis à El Paso et au Pacifique, les actionnaires de cette compagnie dans l'État du Texas, ensemble avec toutes les personnes, associations, compagnies et États, qui pourront être associés soit à eux soit à leurs successeurs ; soient, comme ils le sont par le présent acte, créés et constitués personne civile et politique, sous le nom et le titre de Compagnie du chemin de fer de Memphis à El Paso et au Pacifique ; avec faculté sous ladite dénomination sociale :

Il sera du devoir du conseil des directeurs : de nommer un secrétaire et un trésorier, de fixer leurs attributions, et d'exiger d'eux des garanties pour le fidèle accomplissement de leurs devoirs.

Les directeurs tiendront ou feront tenir : un registre de toutes leurs délibérations; un compte des recettes et des dépenses de la Compagnie, ainsi que tous autres livres qu'il sera convenable et nécessaire de tenir pour ladite Compagnie. Ces livres seront communiqués, à toutes les heures raisonnables, à toute personne intéressée dans ladite Compagnie.

La majorité du conseil des directeurs aura l'autorité du conseil complet.

Toutes les pièces et tous les contrats faits par écrit, expédiés par le président et contre-signés par le secrétaire ou par une personne quelconque, en exécution d'un vote desdits directeurs, seront valables et obligatoires, s'ils sont conformes aux dispositions de la présente loi.

La Compagnie aura son siége social sur le parcours dudit chemin. Elle adressera tous les ans au gouverneur de l'Etat un rapport sur sa situation. Ce rapport sera confirmé sous serment par le président, le secrétaire et l'ingénieur de la Compagnie.

Section 5.

Les actions pourront être émises, et des livres pourront être ouverts pour souscrire des actions, de la manière et aux conditions que le conseil des directeurs fixera, au mieux des intérêts de la Compagnie.

Tout acte écrit, par lequel une personne quelconque devient souscripteur des actions de la Compagnie, peut être exécuté par contrainte, conformément aux termes de cet acte même. Si quelque personne néglige de payer le montant dû par elle à ladite Compagnie, pour actions de son capital social, les directeurs ou leur agent pourront, après un avis fait vingt jours d'avance, mettre aux enchères publiques et transférer à l'acheteur les actions du défaillant.

Si le produit de la vente est insuffisant pour payer le montant alors dû sur la susdite souscription, avec les intérêts et les frais, ledit défaillant sera tenu pour responsable envers la Compagnie de la différence restée due sur le versement en retard. Si le produit d'une telle vente dépasse le montant ainsi dû, avec les intérêts et les frais, ledit défaillant aura droit au surplus.

A la condition :

Qu'il ne soit pas versé moins de 2 p. 100 sur ledit capital à l'époque de la souscription, et par la suite, autant p. 100 que ledit conseil des directeurs déterminera, ne dépassant pas 10 p. 100 par an ;

Que tout souscripteur désirant verser plus de 10 p. 100 à l'époque de la souscription, ait le privilége de le faire.

Section 6.

Aucune des dettes ou engagements, contractés par ladite Compagnie, ou des pertes subies par elle, ne sera obligatoire individuellement pour les actionnaires, pour une somme supérieure au montant de leurs actions respectives.

Section 7.

Il sera légal pour la Compagnie de prendre possession par achat ou par toute autre manière ou de pénétrer sur tout terrain nécessaire pour établir et construire ledit chemin de fer avec tous les dépôts et autres constructions nécessaires. Si ladite Compagnie ne peut obtenir lesdits terrains par un arrangement amiable avec les propriétaires, elle leur payera telle indemnité qui sera déterminée, ainsi qu'il est dit dans la section suivante.

A condition, que le terrain ainsi pris ne dépasse pas :

Pour l'emprise de la voie, 200 pieds de largeur ;

Pour les dépôts et autres constructions, telle largeur supplémentaire qui pourra être nécessaire à leur établissement.

Section 8.

Toute personne, à laquelle il aura été pris des terrains comme il est dit ci-dessus, sans arrangement ou compensation satisfaisante, pourra s'adresser à la Cour du comté, dans lequel lesdits terrains seront situés, pour la nomination de commissaires chargés d'établir la valeur de ces terrains. Sur cette demande, ladite Cour nommera trois propriétaires dudit comté, désintéressés dans la question, dont le devoir sera de fixer un lieu et une heure pour entendre le requérant et la Compagnie, et d'aviser les parties desdits jour et heure d'une façon raisonnable.

Les experts, après avoir prêté serment et entendu les parties, détermineront, s'il y a lieu, le montant de l'indemnité à laquelle le requérant pourra avoir droit, et ils feront rapport de leur sentence à la plus prochaine session de ladite Cour. Si ladite sentence n'est pas rejetée par ladite Cour, pour un motif suffisant invoqué à ce moment par l'une des parties, cette sentence sera enregistrée comme jugement de la Cour, et le terrain sera adjugé au profit de ladite Compagnie.

Dans la détermination du chiffre de l'indemnité, lesdits commissaires se baseront : sur la valeur actuelle du terrain à l'époque où ce terrain a été pris ; et sur le bénéfice ou le dommage causé aux autres terrains et propriétés du possesseur, par l'établissement dudit chemin de fer.

Si le montant de l'indemnité, fixée par lesdits commissaires, ne dépasse pas le montant offert par ladite Compagnie au propriétaire, antérieurement à la demande devant la Cour ; le requérant payera les frais du procès. Dans le cas contraire, c'est la Compagnie qui devra lesdits frais.

Section 9.

Si une route d'Etat ou de comté, établie maintenant, ou qui sera établie par la suite, vient à être traversée par le tracé dudit chemin de fer, la Compagnie devra construire

et entretenir en bon état des chaussées bonnes et suffi-
santes pour ces croisements.

Dans tous les cas où une personne possédera du terrain
des deux côtés dudit chemin de fer, et qu'il n'y aura pas
d'autre moyen d'accès convenable d'un côté à l'autre, ce
propriétaire aura, à tout moment raisonnable, le droit de
traverser la ligne de ce chemin de fer.

Section 10.

Ladite Compagnie pourra acquérir des biens réels, par
donation ou par achat. Elle pourra nommer des agents
de la manière qu'elle jugera à propos, avec pleine autorité
pour recevoir des souscriptions d'actions et des transferts
de terrains à ladite Compagnie.

Section 11.

Ladite Compagnie aura le droit de demander et de recevoir les prix qu'elle jugera à propos d'établir pour le transport des marchandises et des voyageurs, mais ne dépassant
pas cinq *cents* par mille pour les voyageurs, et cinquante
cents par cent livres et par cent milles de parcours pour
les marchandises.

Sous la réserve que la législature de cet Etat aura le droit
en tout temps, de régler ces tatrifs pour le transport, des
voyageurs et des marchandises sur ledit chemin, mais de
façon à ne pas réduire au-dessous de 12 p. 100 par an, l'in-
térèt du capital dépensé effectivement à la construction du
chemin, et à l'achat du matériel qui en dépend.

Section 12.

Si quelque personne met obstacle volontairement à la
circulation des véhicules sur ledit chemin de fer, ou détruit
la propriété de la Compagnie, cette personne ou ces personnes pourront être punies, après avoir été poursuivies,
pour chacun de ces actes, dans les formes voulues par les
lois. Les coupables seront aussi susceptibles d'être pour-

suivis pour le montant du dommage qu'ils auront ainsi occasionné, soit par la Compagnie, soit par toute personne qui aura pu souffrir quelque dommage dans sa personne ou sa propriété.

Section 13.

Rien de ce qui est contenu dans le présent acte ne devra être interprété de façon à conférer des priviléges de Banque.

Section 14.

Si ladite Compagnie n'a pas commencé la construction dudit chemin de fer dans un an, à compter du premier mars de l'an de Notre-Seigneur mil huit cent cinquante-six, et n'a pas, quatre ans après, terminé complétement l'infrastructure de cent milles de chemin, de manière à ce qu'ils soient prêts à recevoir les rails, son privilége fera retour à l'Etat.

En outre, si ladite Compagnie n'a pas mis en état d'exploitation dix milles dudit chemin, dans l'année qui suivra l'époque où l'un quelconque des chemins mentionnés dans la première section de cette loi sera terminé jusqu'à l'extrémité orientale de ce chemin, ou dans l'année qui s'écoulera à partir de la date à laquelle tout autre chemin atteindra la ligne dudit chemin de Memphis à El Paso et au Pacifique; la moitié des terrains auxquels ladite Compagnie pourra avoir droit pour ladite section de dix milles, sera perdue et fera retour à l'Etat. La même déchéance aura lieu pour chacune des sections de dix milles, que ladite compagnie aura négligé de mettre en état complet d'exploitation chaque année suivante.

Section 15.

Tous les terrains publics vacants, à une distance de huit milles de chaque côté de la ligne dudit chemin de fer, seront exclus du cadastre ou de l'enregistrement, à partir

du moment où ladite ligne aura été tracée par levé de plans,
reconnaissances ou autrement.

Les terrains ainsi réservés seront arpentés par ladite
Compagnie, à ses propres frais. Les sections alternes et de
numéros pairs seront réservées pour l'usage de l'Etat.

Ladite Compagnie sera tenue de fournir à l'arpenteur
de district, pour chaque district traversé par ledit chemin
de fer, une carte du tracé du chemin avec tous les rensei-
gnements et relevés, qui pourront être nécessaires pour
bien déterminer l'emplacement dudit chemin.

Section 16.

Après l'achèvement d'une section de vingt-cinq milles ou
davantage dudit chemin, et après qu'il en aura été fait
rapport au gouverneur de l'Etat, ainsi qu'il est prescrit ci-
après ; il sera du devoir du commissaire du bureau général des terres, de délivrer, au nom social de la Compagnie,
huit certificats de six cent quarante acres de terrain chacun, pour chaque mille de chemin dont l'infrastructure
sera terminée.

Lesdits certificats pourront être appliqués aux sections
impaires des réserves précédentes, ou à tout autre terrain
public et vacant de l'Etat, non réservé déjà, soit pour
l'Etat lui-même, soit pour quelque autre Compagnie. Ces
certificats seront établis suivant les mêmes règles et régle-
ments, d'après lesquels sont dressés les certificats de propriété régulière.

Quand les relevés sur le terrain de l'un quelconque des
arpentages susmentionnés auront été enregistrés au bureau
de l'arpenteur du district compétent, certifiés par lui et
renvoyés au bureau général des terres, il sera du devoir
du commissaire du bureau général des terres d'en accorder
des lettres patentes.

En outre, à l'achèvement de chaque nouvelle section de
vingt milles, comme il est prévu ci-dessus, ladite Compagnie aura droit à huit certificats additionnels de six cent

quarante acres chacun, par mille : avec les **mêmes** priviléges qui sont ci-dessus énoncés.

A la condition :

Que ladite Compagnie déposera au bureau général des
terres une carte, par district, de tous les terrains vacants
et compris dans ladite réserve, aussi promptement que ces
mêmes terrains auront été arpentés, avec les sections et
arpentages numérotés consécutivement à partir de l'unité.

Section 17.

Avant d'adresser sa demande pour lesdits certificats, il
sera du devoir de l'ingénieur en chef dudit chemin, agis-
sant conjointement avec le président et le secrétaire de ladite Compagnie, de dresser un état de situation exact du
nombre de milles, dont l'infrastructure sera complétement
achevée (lequel état de situation sera signé sous la foi du
serment par lesdits ingénieur, président et secrétaire) et
d'envoyer cette situation au gouverneur de l'Etat. Si,
après examen, le gouverneur est convaincu de l'exactitude
de cet état de situation, il ordonnera au commissaire du
bureau général des terres de délivrer, à ladite Compagnie,
le nombre de certificats auxquels elle pourra avoir droit,
en vertu de la section précédente de la présente loi.

A la condition :

Qu'aucun titre ne sera acquis d'une manière permanente
à ladite Compagnie ou à ses ayants-cause, pour terrains
concédés en conséquence des terrassements et aux termes
de la présente loi, jusqu'à ce qu'il ait été achevé et mis
en état complet de fonctionnement, vingt-cinq milles dudit
chemin ;

Et qu'il n'ait été fait sur ledit chemin aucun emprunt
sur aucune partie construite à l'ouest de la rivière Trinity.

Section 18.

Toutes les fois que ladite Compagnie aura donné au
gouverneur la certitude par un témoignage convenable,

ainsi qu'il est prescrit ci-dessus, ou par tel autre témoi
gnage que ce gouverneur peut raisonnablement exiger;
qu'une section de dix milles du susdit chemin est complétement achevée, mise en état de fonctionnement et pour-
vue de toutes les voitures, installations, machines, etc.,
etc., nécessaires;

Le Gouverneur autorisera le commissaire du bureau général des terres à délivrer à ladite Compagnie, sous son
titre social, huit certificats additionnels de six cent quarante acres chacun, pour chaque mille dudit chemin ainsi
achevé et mis en état de fonctionnement.

Sur une preuve semblable, donnée de la même manière
pour toute autre section de dix milles, aussi promptement
que cette section sera achevée, le gouverneur ordonnera
qu'il soit émis le même nombre de certificats qu'il est établi par le présent.

Lesdits certificats seront imputés sur les sections impaires comprises dans la réserve établie dans le présent
acte, si ces sections impaires fournissent la quantité de
terre suffisante, sinon ces certificats seront appliqués sur
tous autres terrains vacants et libres, appartenant à l'Etat.

A la condition :

Que les sections paires seront réservées à l'État.

Que quand on ne pourra pas avoir de sections carrées
en conséquence des arpentages environnants, il pourra être
arpenté et appliqué aux dits certificats des fractions de
section;

En outre, que toutes les fois que l'un quelconque desdits
certificats, exécuté en vertu des présentes dispositions, sera
retourné avec les relevés sur le terrain ou arpentage, il
sera du devoir du commissaire du bureau général des
terres d'émettre les lettres patentes relatives à ces certificats, en faveur de ladite Compagnie ou de ses ayants-
droit.

Section 19.

Ladite Compagnie sera obligée d'avoir des freins, so-
lides et suffisants, à la dernière voiture de tous les trains,

portant des voyageurs ou des marchandises, et de placer
constamment sur ce frein un garde frein habile et digne
de confiance, sous peine d'une amende ne dépassant pas
cent dollars pour chaque contravention. Cette amende sera
recouvrable, au bénéfice de l'État, dans toute Cour ayant
compétence de juridiction.

Sur chacune des locomotives, parcourant ledit chemin,
il devra être placé une cloche du poids d'au moins trente-
cinq livres ou un sifflet à vapeur. Ladite cloche devra son-
ner ou ledit sifflet devra siffler à une distance d'au moins
quatre-vingts « rods » à partir du point de croisement de
toute grande route ou de tout passage à barrière, et
maintenue sonnant ou sifflant, jusqu'à ce que la machine
ait passé ou se soit arrêtée.

Ladite Compagnie se servira dans la construction dudit
chemin des meilleurs rails en fer, en T ou en U.

Section 20.

Ladite Société ne pourra se constituer, en exécution de
la présente loi, tant qu'il n'aura pas été souscrit au moins
cinq cent mille dollars du capital-actions, y compris le
montant déjà souscrit, pour le chemin de fer de Memphis
à El Paso et au Pacifique ; et tant que la portion du capital ci-dessus indiquée, n'aura pas été effectivement versée
entre les mains du trésorier.

A la condition :

Qu'aucun certificat de terres ne sera émis en vertu des
dispositions de la présente charte, avant que la Compagnie
n'ait prouvé d'une manière satisfaisante au gouverneur de
cet Etat, qu'il a été souscrit un million de dollars du capital social, et qu'il a été payé au moins 5 p. 100 sur ce
capital.

Section 21.

Que ladite Compagnie pourra conclure des contrats et
former des associations :

Avec toute Compagnie possédant un chemin de fer aboutissant à l'extrémité occidentale de ce chemin de fer de Memphis El Paso et au Pacifique ;

Et avec tout chemin de fer qui le rencontrera ;

De manière à établir une jonction des chemins de fer et de venir en aide et assistance avec les moyens de la Compagnie, à tout autre chemin de fer, dans le but d'effectuer cette jonction ou cette intersection ; aux clauses et conditions qui pourront être reconnues nécessaires par les directeurs de ladite Compagnie, réunis au nombre des quatre cinquièmes au moins.

A la condition :

Qu'en aucune circonstance, cette Compagnie ne deviendra responsable des dettes, obligations ou amendes d'aucune compagnie de chemin de fer, avec laquelle elle pourra ainsi contracter ou s'engager ;

Que ce chemin de fer sera terminé depuis son extrémité orientale jusqu'au point de rencontre avec tout autre chemin, avant qu'elle ne s'étende pour être achevée au-delà desdits points ;

Qu'après une convention passée avec une autre Compagnie quelconque, le prolongement du chemin puisse se faire au nom de celle des compagnies, dont lesdites deux Compagnies conviendront.

Section 33.

La loi intitulée « loi pour autoriser la Compagnie du chemin de Memphis à El Paso et au Pacifique ; » approuvée le 17 février 1853, est et demeure abrogée par la présente.

La présente loi aura son effet et sera en vigueur à partir de et après son adoption.

Approuvée le quatre février mil huit cent cinquante-six.

Pièce N° 2

Loi supplémentaire à la loi d'incorporation de la **Compagnie du Chemin de fer de Memphis à El Paso et au Pacifique,** *votée par la sixième législature, telle qu'elle a été amendée par la loi de 1858.*

Section 1re.

Il est décrété par la législature de l'Etat du Texas :

Que si ladite Compagnie ne commence pas la construction dudit chemin dans un an, à compter du premier mars mil huit cent cinquante-six, et n'a pas complétement fait les terrassements et les travaux d'art, au moins sur cinquante milles dudit chemin le premier mars mil huit cent soixante et un, et sur au moins cinquante milles additionnels dans les deux années suivantes ; la charte de cette Compagnie sera nulle et non avenue.

A la condition :

Que dans tous les cas, ladite Compagnie aura terminé

l'infrastructure d'au moins cinquante milles de son chemin, à l'époque où il y aura : jonction entre ledit chemin et un chemin de fer achevé quelconque allant de la rivière du Mississipi à l'extrémité orientale, du Memphis El Paso ; ou jonction avec un chemin de fer partant du golfe du Mexique et atteignant le présent chemin de fer à l'Est de la rivière Trinity ; sinon ladite charte sera nulle et non avenue,

Que ladite Compagnie devra avoir terminé et mis en état complet d'exploitation courante au moins vingt-cinq milles de son chemin, dans l'année qui suivra la jonction précédente ; et au moins cinquante milles par chacune des périodes de deux années qui suivront, jusqu'à ce que ledit chemin de fer soit achevé ; autrement les droits éventuels de ladite Compagnie à la concession des terrains, seront frappés de déchéance.

A la condition, en outre, que ladite Compagnie sera déchue de tous ses droits aux réserves de terres, si dans les dix ans ledit chemin n'est point en jonction avec quelque chemin en complet état d'exploitation, partant de la rivière Mississipi ou du golfe du Mexique.

Section 2.

La vingt et unième section de la loi dont la présente est un supplément, n'autorisera pas les actionnaires à faire une vente de leur charte ou des priviléges qui s'y rattachent.

Section 3.

Ladite Compagnie sera, en ce qui concerne l'aliénation de ses terrains, soumise à toutes les dispositions imposées aux autres Compagnies de chemins de fer par la loi intitulée : « Loi pour encourager la construction de chemins » de fer dans le Texas par des donations de terre, » loi approuvée le treize janvier de l'an de N. S. mil huit cent cinquante-quatre.

Section 4.

Ladite Compagnie sera tenue :

De faire arpenter et diviser en sections, et de numéroter toutes les sections et fractions de sections des terrains vacants compris dans la réserve, telle qu'elle est désignée sur les cartes se trouvant maintenant déposées au bureau général des terres;

Et dans les quatre ans, à compter du premier mars mil huit cent cinquante-six, d'achever ledit travail jusqu'au point où ladite réserve traverse la rivière Brazos :

Ladite Compagnie devra aussi, dans les quinze mois à compter de l'adoption de la présente loi, tracer, faire marquer nettement et arrêter la ligne centrale de sa réserve depuis la rivière Brazos jusqu'aux eaux de la rivière Colorado.

Dans le mois après qu'elle aura fait son étude à travers un district territorial quelconque, elle devra déposer une carte exacte desdits travaux au bureau général des terres.

Si la Compagnie néglige de remplir les dispositions de là présente section, elle perdra tout droit à ladite réserve de terre.

En acceptant le présent amendement, ladite Compagnie stipule qu'après l'achèvement de vingt-cinq milles de son chemin, si la législature l'ordonne ainsi, elle procédera immédiatement, avec un nombre approprié d'employés, au partage en sections des terrains restant dans la réserve, remettra son travail à l'État sur la demande du gouverneur et à défaut de ladite Compagnie d'y procéder après en avoir reçu avis raisonnable;

A la condition :

Que tous droits d'acquérir des donations en terrains de l'Etat concédés à ladite Compagnie, cesseront à l'expiration de quinze ans;

Que la réserve concédée à ladite Compagnie par les lois dont la présente loi est un amendement, ne devra pas ahsorber ou affecter les arpentages d'aucun colon effectif qui se sera établi dans les limites de ladite réserve, y aura apporté des améliorations, aura eu ses terres arpentées et aura fait le dépôt, aux archives, des relevés des terrains, antérieurement au vingtième jour de juin mil huit cent cinquante-sept : à moins que, dans les douze mois de la promulgation de la présente loi, ledit colon ne néglige de rendre son titre parfait jusqu'à concurrence de son dit arpentage, ou de le rendre valable par un certificat authentique de terres, ou par l'achat d'une inscription de terres à l'Etat.

A la condition encore : que ladite Compagnie aura divisé en sections la totalité de ladite réserve et aura envoyé ce travail au gouvernement, comme il est spécifié ci-dessus, dans l'espace de dix ans.

A défaut de ce faire, la Compagnie perdra tous ses droits éventuels à la réserve.

Section 5.

Les diverses sections susmentionnées de la loi primitive et des lois supplémentaires, qui sont en contradiction avec les dispositions de la présente loi, sont et demeurent abrogées par le présent. Aucune autre portion desdites lois, soit de la loi primitive, soit des lois supplémentaires, n'existera que comme il est prescrit par les présentes.

La réserve de terres concédée à la susdite Compagnie de chemin de fer, par la présente loi et par des lois dont la présente est un supplément, n'empêchera aucune personne qui aura demeuré dans ladite réserve, antérieurement au vingt juin mil huit cent cinquante-sept, et qui aura continué à résider dans ladite réserve jusqu'à la présente époque, de se faire délimiter, par une inscription authentique de terres, cent soixante acres de terrain, y compris les terres qu'il aura améliorées.

Approuvée, le 5 février 1856.

Pièce N° 3

Pièce N° 3

CHAPITRE CV

*Loi pour amender la loi d'***Incorporation de la Compagnie du Chemin de fer de Memphis à El Paso et au Pacifique,** *approuvée le quatre février mil huit cent cinquante-six, et aussi la loi supplémentaire, adoptée le cinq février mil huit cent cinquante-six.*

Section 1re.

Il est décrété par la législature de l'État du Texas que la 21e section de la loi intitulée « Loi pour autoriser la » Compagnie du Chemin de fer de Memphis à El Paso et » au Pacifique, approuvée le quatre février mil huit cent » cinquante-six, » doit se lire comme suit :

« Que ladite Compagnie pourra conclure des contrats et former une association : avec toute Compagnie de chemin de fer possédant un chemin de fer aboutissant à l'extrémité orientale dudit chemin de fer de Memphis à El Paso et au Pacifique ; ou avec tout chemin de fer qui le croisera ; de façon à former une jonction de chemin de fer, et à venir en aide et assistance avec les moyens de la Compagnie, à tout autre chemin de fer dans le but d'effectuer cette jonction ou ce croisement, aux clauses et conditions que pourront juger à propos les administrateurs de la Compagnie réunis au nombre des quatre cinquièmes.

» A la condition cependant, que cette Compagnie ne devra en aucun cas être rendue responsable des dettes, engagements ou amendes de toute autre Compagnie de chemin de fer avec laquelle elle pourra contracter ou s'engager comme il est dit ci-dessus.

» A la condition, en outre, que ledit chemin devra être terminé depuis son extrémité orientale jusqu'au point d'intersection avec tout autre chemin, avant que l'achèvement puisse en être étendu au-delà de ce point.

» A la condition aussi, qu'après qu'une jonction aura été établie avec toute autre Compagnie, la prolongation du chemin pourra être faite au nom de l'une quelconque de ces Compagnies, selon qu'il aura été convenu avec lesdites Compagnies. »

Section 2.

Rien de ce qui est contenu dans la section précédente, ne devra être interprété de façon à abroger la seconde section de la loi supplémentaire à la loi d'incorporation de la Compagnie du Chemin de fer de Memphis à El Paso et au Pacifique, approuvée le cinq février mil huit cent cinquante-six.

Section 3.

La première section de ladite loi supplémentaire doit à l'avenir se lire ainsi qu'il suit :

« Si ladite Compagnie ne commence pas la construction

» du susdit chemin, dans un an à compter du premier
» mars mil huit cent cinquante-six, et n'a pas complète-
» ment achevé l'infrastructure : sur au moins cinquante
» milles de son chemin, le premier mars mil huit cent
» soixante et un ; et sur cinquante mille en sus au moins
» dans les deux années suivantes ; la charte de ladite Com-
» pagnie sera nulle et non avenue.
  » A la condition :
  » Que dans tous les cas, la susdite Compagnie devra
» avoir l'infrastructure terminée sur cinquante milles au
» moins de son chemin, à l'époque où elle aura une jonc-
» tion avec un chemin de fer achevé quelconque, allant,
» soit de la rivière Mississipi à l'extrémité orientale du
» chemin, soit avec un chemin de fer partant du golfe du
» Mexique et rejoignant le présent chemin de fer à l'Est de
» la rivière Trinity ; autrement ladite charte sera nulle
» et non avenue ;
  » Que ladite Compagnie devra avoir terminé et mis en
» état complet d'exploitation courante au moins vingt-
» cinq milles de son chemin, dans un an, après cette jonc-
» tion, et au moins cinquante milles pendant chaque pé-
» riode suivante de deux ans, jusqu'à ce que ledit chemin
» soit complété.
  » Autrement les droits futurs de ladite Compagnie à la
» donation en terres seront perdus.
  » A la condition, en outre, que si ledit chemin n'a point
» de jonction dans dix ans avec quelque chemin *allant*
» *à la* rivière Mississipi ou au golfe du Mexique, et en état
» complet d'exploitation, ladite Compagnie perdra tous
» droits à ladite réserve. »

Section 4.

La quatrième section de ladite loi supplémentaire doit se
lire comme suit :
  « La susdite Compagnie sera tenue :
  » De faire arpenter, sectionner et numéroter toutes les

» sections et fractions de section des terres vacantes, com-
» prises dans sa réserve telle qu'elle est désignée par *la*
» *carte* maintenant déposée aux archives du bureau général des terres;

» De compléter ledit travail jusqu'au point où ladite ré-
» serve traverse la rivière Brazos, dans les quatre ans, à
» partir du premier mars mil huit cent cinquante-six.

» Ladite Compagnie devra aussi dans les quinze mois, à
» partir de l'adoption de la présente loi, tracer, marquer
» et désigner clairement la ligne centrale de sa réserve
» depuis la rivière Brazos jusqu'aux eaux de la rivière Co-
» lorado.

» Dans le mois après que la Compagnie aura fait son
» étude à travers un district quelconque de terres, elle
» devra déposer une carte exacte dudit travail au bureau
» général des terres.

» Faute de remplir les prescriptions de cette section, la
» Compagnie sera déchue de tout droit à ladite réserve.

» En acceptant le présent amendement, la Compagnie
» stipule qu'après l'achèvement de vingt-cinq milles de son
» chemin, si c'est ordonné par la Législature, elle procé-
» dera immédiatement, avec un nombre d'employés ap-
» proprié, au partage des sections des terrains restant
» dans la réserve; ou bien elle délivrera son travail à l'Etat
» sur la demande du gouverneur, et à défaut de la part de
» ladite Compagnie d'y avoir procédé après en avoir reçu
» avis à temps ;

» A la condition que tous les droits à acquérir des dona-
» tions de terrains de la part de l'Etat, qui ont été accor-
» dés à la susdite Compagnie, devront cesser à l'expiration
» de quinze années.

» A la condition, en outre, que la réserve concédée à
» ladite Compagnie par les lois dont la présente est un
» amendement, ne devra point englober ni affecter l'ar-
» pentage d'aucun colon effectif dans les limites de ladite
» réserve, lequel s'y serait établi, y aurait fait des amélio-
» rations, aurait fait arpenter son terrain et fait enregis-
» trer aux archives ses relevés de terrains antérieurement

» au vingt juin 1857 ; à moins que ce colon n'ait négligé,
» dans les douze mois, à partir de l'adoption de la pré-
» sente loi, de rendre son titre parfait jusqu'à concurrence
» de cet arpentage ou de le rétablir par un certificat au-
» thentique de concessions de terres ou une inscription
» de terres achetée de l'Etat.

» A la condition, en outre, que la Compagnie fera divi-
» ser en sections la totalité de ladite réserve, et en fera
» l'envoi officiel dans les dix ans, comme il est spécifié ci-
» dessus. A défaut de quoi elle perdra tous ses droits à ve-
» nir dans ladite réserve. »

Section 5.

Toutes les sections susmentionnées de la loi primitive et
de la loi supplémentaire qui seront en contradiction avec
les dispositions du présent acte, sont et demeurent abrogées par le présent. Et aucune autre portion desdites lois,
soit primitive, soit supplémentaire, ne sera infirmée, sinon
ainsi qu'il est prescrit par la présente.

La réserve de terres concédée à ladite Compagnie de
chemin de fer, par cette loi et par celles dont elle est un
supplément, n'empêchera aucune personne, ayant résidé
dans les limites de ladite réserve, antérieurement au 20
juin 1857, et qui aura continué à résider dans ladite réserve jusqu'au moment actuel, de se faire délimiter à
l'aide d'une inscription authentique de terrains, cent
soixante acres de terres, y compris celles améliorées par
lui-même.

Section 7.

Cette loi aura effet à partir de son adoption.

Approuvée le 10 février mil huit cent cinquante-huit.

Pièce N° 4

Pièce N° 4

CHAPITRE XIX

Loi pour venir en aide à la **Compagnie du Chemin de fer de Memphis à El Paso** *et à toutes autres Compagnies de chemin de fer.*

Section 1re.

Il est décrété par la législature de l'Etat du Texas :

Que la partie du Chemin de fer de Memphis à El Paso et au Pacifique, entre la ville de Jefferson, dans le comté de Marion, et Moores Landing, sur la branche Sulphur de la Rivière-Rouge, aura droit à recevoir des certificats de terrains, en nombre et en quantité comme suit, savoir :

Toutes les fois qu'il sera donné connaissance au commissaire du bureau général des terres de cet Etat, par un rapport fait sous serment du président et de l'ingénieur en chef de ladite Compagnie de chemin de fer, *que l'infrastructure est terminée* sur une division quelconque de *cinq*

3

milles consécutifs, et que cette division est prête à recevoir la supersructure dudit chemin; ledit commissaire est requis par la présente, d'*émettre* en faveur de ladite Compagnie, sous sa raison sociale, et *pour chacun desdits milles, dix certificats de terrains, de six cent quarante acres chacun,* lesquels certificats, quand ils seront émis, pourront être appliqués et patentés comme tous autres certificats *émis* en faveur de ladite Compagnie, en vertu de sa charte;

A la condition :

Que la présente loi ne devra pas être interprétée de façon à s'étendre à aucune autre partie du susdit chemin;

Qu'elle ne devra pas non plus être interprétée de façon à accorder à ladite section du susdit chemin, plus ou moins de terrain qu'il ne lui est actuellement concédé en vertu de la charte dudit chemin et des lois générales de cet Etat, sur les chemins de fer;

Que les provisions de la présente loi devront s'appliquer et rester valides, pour une longueur de quarante-cinq milles, au profit de tous les chemins de fer de cet Etat, qui sont maintenant organisés et qui possèdent un contrat existant de bonne foi, pour la construction de dix milles au minimum.

Section 2.

La présente loi aura effet et entrera en vigueur à partir de son adoption.

Adoptée ce vingt mars mil huit cent soixante et un.

Pièce N° 5

CHAPITRE XLII

Loi pour venir en aide aux Compagnies incorporées en vue d'améliorations intérieures, en leur accordant plus de temps pour leur accomplissement à cause de la guerre actuelle.

Section 1re.

Il est décrété par la législature de l'Etat du Texas :

Que le temps de la durée de la présente guerre entre les Etats confédérés et les Etats-Unis d'Amérique ne devra pas être compté, contre toutes Compagnies ayant pour objet des améliorations intérieures, dans le calcul des délais qui sont accordés à ces Compagnies par leurs chartes ou par toute loi, soit générale, soit spéciale, pour l'achèvement de tous les travaux qu'elles se sont engagées à faire.

A la condition :

Que la présente loi ne soit pas interprétée de façon à remettre en vigueur aucune charte de Compagnie de chemin de fer ayant été frappée de déchéance antérieurement au vingt et un mai mil huit cent soixante et un.

Approuvée, le onze janvier mil huit cent soixante-deux.

Pièce N° 6

Pièce N° 6

CHAPITRE LXIV

Loi pour venir en aide aux Compagnies de Chemins de fer.

Section 1re.

Il est décrété par la législature de l'État du Texas :

Que le défaut, par une Compagnie quelconque de chemin de fer autorisée dans cet État, d'achever une section ou fraction de section de sa ligne ainsi qu'il est stipulé par les lois existantes, n'aura pas pour effet la déchéance de la charte d'incorporation du chemin ou des terres auxquelles ladite Compagnie aurait droit, en vertu des dispositions d'une loi intitulée : « Loi pour encourager la cons-
» truction des chemins de fer dans le Texas, par des dona-
» tions de terres, » — approuvée le trente janvier 1854, et en vertu des différentes lois supplémentaires, de la précédente.

A la condition : que ladite Compagnie achève la section

ou la fraction de section qui lui donnerait droit à des donations de terrains, conformément aux lois existantes,
dans les deux ans après la cessation de la guerre actuelle
entre les Etats cónfédérés et les États-Unis d'Amérique.

Section 2.

Pendant le temps indiqué dans la première section de
la présente loi, toute Compagnie de chemin de fer, qui
aura achevé et mis en état d'exploitation courante vingt-
cinq milles de son chemin, aura droit à recevoir de l'État
une concession de seize sections de terres par mille de
chemin construit ou qui pourra être construit par la suite
et mis en exploitation courante au-delà de la susdite section de vingt-cinq milles.

A la condition qu'aucune Compagnie ne reçoive de
l'Etat plus de seize sections de terrain par mille pour une
portion quelconque de son chemin, construite maintenant
ou qui le sera par la suite, à moins qu'il n'en soit disposé
autrement par sa charte ou par des dispositions spéciales
de quelque loi.

Section 3.

Sur la demande de toute Compagnie qui aura achevé
une portion quelconque de son chemin en sus de ladite
section de vingt-cinq milles, le commissaire du bureau
général des terres *émettra*, en faveur de ladite Compagnie,
des certificats pour les terrains auxquels elle pourra avoir
droit en vertu des dispositions de la présente loi, et dont la
désignation ainsi que l'arpentage pourront avoir été faits
par ladite Compagnie, conformément aux lois existantes :

A la condition que la présente loi ne soit pas interprétée
de façon à contredire ou à modifier de quelque manière
que ce soit les dispositions d'une loi intitulée : « Loi pour
» venir en aide à la Compagnie du chemin de fer de Mem-
» phis à El Paso et de toutes les autres Compagnies de
» chemins de fer, votée le 20 mars 1861. »

Approuvée le onze janvier mil huit cent soixante-deux.

Pièce N° 7

Pièce N° 7

ORDONNANCES

DE LA CONVENTION DE 1866.

*Ordonnance validant les lois et les actes des officiers y dénommés,
et ayant aussi d'autres objets.*

Section 1re.

Il est décrété par les représentants du peuple du Texas, assemblés en convention :

Que, toutes les lois et parties de lois rendues par la Législature de cet État, depuis le premier février mil huit cent soixante et un, lesquelles ne sont pas en contradiction avec la Constitution et les lois des États-Unis ni avec la Constitution de cet Etat, telle qu'elle existait antérieurement au 1er février 1861, et ne sont pas en contradiction avec les proclamations du gouverneur provisoire, ouvrant les tribunaux et autorisant la poursuite des procès ; sont déclarées avoir pleine vigueur comme lois de cet État ;

Que, tous les actes des tribunaux et des officiers des tribunaux et les actes des différents officiers de l'État de l'ordre exécutif, judiciaire et ministériel, faits d'accord avec les lois de l'État et qui ne sont point contraires soit à la Constitution et aux lois des États-Unis, soit à la Constitution de cet État, telle qu'elle existait antérieurement au 1er février 1861 ; sont déclarés valables.

A la condition que rien de ce qui est contenu dans la présente ordonnance ne devra être interprété de façon à rendre valable aucune loi de la Législature, aucun acte de fonctionnaire ou aucune procédure judiciaire qui seraient déclarés non avenus ou annulés par la présente convention.

Votée le 30 mars 1866.

Pièce N° 8

4

Pièce Nᵒ 8

CHAPITRE CLXXIV

Loi pour le bénéfice des Compagnies de chemin de fer.

Section 1ʳᵉ.

Il est décrété par la législature de l'État du Texas :

Que *la concession de seize sections de terre par mille*, faite aux Compagnies de chemin de fer, ayant construit précédemment ou devant construire ultérieurement des chemins de fer au Texas ; sera *prolongée de dix ans* après le vote de la présente loi, sous les mêmes restrictions et avec les mêmes limites que celles jusqu'à présent stipulées par les lois.

Section 2.

Le temps pour l'aliénation des terres précédemment acquises par les Compagnies de chemin de fer, sera étendu à quatorze ans pour l'aliénation de la moitié de ces terres, et à vingt et un ans pour l'aliénation de la seconde moitié.

Dans le cas où cette aliénation n'aurait pas lieu, les terres, seront perdues au profit de l'Etat.

Les Compagnies qui acquerront des terres, ultérieurement, devront les aliéner, en quatorze et vingt et un ans, depuis la date d'acquisition, sous la même condition de les perdre, stipulée plus haut.

Section 5.

Cette loi sera en vigueur à partir de la date du vote.

Approuvée le 13 novembre 1866.

Pièce N° 9

Pièce N° 9

Loi pour amender la 4ᵉ section d'une loi intitulée : « Loi pour
» assurer le placement du fonds spécial des Ecoles, en
» Bonds des Compagnies de chemins de fer incorporées par
» l'Etat. »

La quatrième section de la loi précitée sera dorénavant
lue comme suit :

Section 4.

Ledit comité de commissaires *placera en bonds la somme*
de six mille dollars pour chaque mille de chemin complété :

Dans toute compagnie qui aura complété d'une manière
satisfaisante et solide et fourni prête pour un usage immédiat, une section continue de vingt-cinq milles du chemin
de fer de ladite Compagnie; et qui aura en outre exécuté
l'infrastructure d'une section additionnelle et consécutive
de vingt-cinq milles, prête à recevoir les traverses ainsi
ue le reste de la superstructure;

Et la même somme par mille pour chaque section additionnelle de cinq milles, qui sera ainsi complétée et fournie prête pour un usage immédiat; à la condition qu'au moins cinq milles consécutifs du même chemin, en avance des cinq milles sur lesquels on propose de faire le prêt, auront leur infrastructure terminée, prête à recevoir les traverses et le reste de la superstructure.

Et la même somme par mille pour toute section de cinq milles, en dedans des limites de cet Etat, qui sera complétée et prête pour un usage immédiat, sur tout chemin de fer formant une continuation ou un embranchement d'un autre chemin de fer, allant d'un État ou territoire environnant dans l'Etat du Texas :

A la condition :

Que ledit chemin, ensemble avec un semblable prolongement ou embranchement, |soit complété sur vingt-cinq milles de longueur.

Et qu'avant que l'emprunt soit fait sur une section complète de cinq milles, une section consécutive de cinq milles ait son infrastructure terminée, prête à recevoir les traverses, ainsi que le reste de la superstructure.

Votée le 13 août 1856.

www.ingramcontent.com/pod-product-compliance
Ingram Content Group UK Ltd.
Pitfield, Milton Keynes, MK11 3LW, UK
UKHW020040100726
13658UKWH00003B/1445